f

Lebensworte

Rainer Maria Rilke

Weiter sehen
als das Wissen reicht

Herausgegeben von Kerstin Bütow

kiefel

Die Deutsche Bibliothek – CIP-Einheitsaufnahme

Rilke, Rainer Maria:
Weiter sehen als das Wissen reicht / Rainer Maria Rilke.
Hrsg. von Kerstin Bütow. – Gütersloh : Kiefel, 1999
(Lebensworte)
ISBN 3-579-05651-4

ISBN 3-579-05651-4

Gestaltung: Init, Bielefeld
Reproduktion: Peter Karau, Bochum
Satz: Fotosetzerei Steggemann, Herford
Druck und Bindung: Memminger Zeitung, Memmingen
Printed in Germany

Inhalt

Flugsand der Stunden

Flugsand der Stunden

Ich lebe grad, da das Jahrhundert geht.
Man fühlt den Wind von einem großen Blatt,
das Gott und du und ich beschrieben hat
und das sich hoch in fremden Händen dreht.

Man fühlt den Glanz von einer neuen Seite,
auf der noch Alles werden kann.

Die stillen Kräfte prüfen ihre Breite
und sehn einander dunkel an.

Das Stunden-Buch, September 1899

Flugsand der Stunden

Wir sind älter geworden, nicht nur um Jahre, auch um Ziele. Wir sind bis an die Marken der Zeit gegangen, und Tausende haben an ihren Schranken gerüttelt. Es ist Zeit, daß wir uns bescheiden.

Florenzer Tagebuch, 1898

Wäre es uns möglich, weiter zu sehen, als unser Wissen reicht, und noch ein wenig über die Vorwerke unseres Ahnens hinaus, vielleicht würden wir dann unsere Traurigkeiten mit größerem Vertrauen ertragen als unsere Freuden. Denn sie sind die Augenblicke, da etwas Neues in uns eingetreten ist, etwas Unbekanntes; unsere Gefühle verstummen in scheuer Befangenheit, alles in uns tritt zurück, es entsteht eine Stille, und das Neue, das niemand kennt, steht mitten darin und schweigt.

Schweden, August 1904

Flugsand der Stunden

Man könnte uns leicht glauben machen, es sei nichts geschehen, und doch haben wir uns verwandelt, wie ein Haus sich verwandelt, in welches ein Gast eingetreten ist. Wir können nicht sagen wer gekommen ist, wir werden es vielleicht nie wissen, aber es sprechen viele Anzeichen dafür, daß die Zukunft in solcher Weise in uns eintritt, um sich in uns zu verwandeln, lange bevor sie geschieht.

Schweden, August 1904

Flugsand der Stunden

Seid nur einen Tag unmodern, dann werdet ihr sehen, wieviel Ewigkeit ihr in euch habt.

Florenzer Tagebuch, 1898

Wir haben seither Jahrhunderte erlebt. Der große Frühling verwilderte in ihnen, ohne daß seine letzte Schönheit Frucht werden konnte. Da wir nun wieder diese innerste Schönheit begreifen und erkennen, kann unsere Liebe sie vielleicht weiter reifen lassen?

Florenzer Tagebuch, 1898

Flugsand der Stunden

Merkwürdig, nicht, fast ein wenig unheimlich? O alle diese lautlosen Verwandlungen des Lebens. Dieses nicht mehr das sein und nicht mehr jenes, während man glaubt, es zu werden. Dieses Ausströmen, leise, wie eine umgefallene Flasche, die liegt und sich ganz wohl fühlt und doch schon wertlos ist wie eine zerschlagene. Wie die leisen Dinge einfach fortgehen, wenn wir sie mit irgendeinem Anspruch kränken; wie sie so gar keine Anhänglichkeit haben, so ganz unsentimental sind, – einfach weggehen, fortfliegen, nicht mehr gesehen werden.

Paris, Juni 1906

Ihr wißt, daß die Blume sich neigt, wenn der Wind es will, und ihr müßt werden wie sie: das heißt, voll eines tiefen Vertrauens.

Florenzer Tagebuch, 1898

Was not tut, ist doch nur dieses: Einsamkeit, große innere Einsamkeit. In-sich-Gehen und stundenlang niemandem begegnen, – das muß man erreichen können. Einsam sein, wie man als Kind einsam war, als die Erwachsenen umhergingen, mit Dingen verflochten, die wichtig und groß schienen, weil die Großen so geschäftig aussahen und weil man von ihrem Tun nichts begriff. Und wenn man eines Tages einsieht, daß ihre Beschäftigungen armselig, ihre Berufe erstarrt und mit dem Leben nicht mehr verbunden sind, warum dann nicht weiter wie ein Kind darauf hinsehen als auf ein Fremdes, aus der Tiefe der eigenen Welt heraus, aus der Weite der eigenen Einsamkeit, die selber Arbeit ist und Rang und Beruf? Warum eines Kindes weises Nicht-Verstehen vertauschen wollen gegen Abwehr und Verachtung, da doch Nicht-Verstehen Alleinsein ist, Abwehr und Verachtung aber Teilnahme an dem, wovon man sich mit diesen Mitteln scheiden will.

Rom, Dezember 1903

Der Weg zu dem wahren Wert aller Werke geht durch die Einsamkeit. Sich mit einem Buch, mit einem Bild, mit einem Lied einschließen, zwei bis drei Tage, seine Lebensgewohnheiten kennen lernen und seinen Seltsamkeiten nachgehen, Vertrauen zu ihm fassen, seinen Glauben verdienen und irgendwas mit ihm zusammen erleben: ein Leid, einen Traum, eine Sehnsucht.

Florenzer Tagebuch, 1898

Ich möchte immer irgendwann (ich weiß nicht, wem) sagen: »Nicht traurig sein.« Und es ist mir, als wäre das ein gar vertrauliches Geständnis, das ich ganz leise und zärtlich aussprechen müßte und in tiefer Dämmerung.

Florenzer Tagebuch, 1898

Nur glauben müßt ihr lernen; ihr müßt fromm werden in einem neuen Sinn. Eure Sehnsucht müßt ihr über euch haben, wo ihr auch seid. Fassen müßt ihr sie mit beiden Händen und sie in die Sonne tragen, wo sie am seligsten ist; denn eure Sehnsucht muß gesund werden.

Florenzer Tagebuch, 1898

Jeder schafft die Welt neu mit seiner eigenen Geburt; denn jeder ist die Welt.

Florenzer Tagebuch, 1898

Flugsand der Stunden

Ich habe nie genaue Grenzen gezogen zwischen Leib und Geist und Seele: eines hat ins andere gedient und gewirkt, und jedes ist mir wunderbar und köstlich gewesen.

Schweiz, Januar 1924

Flugsand der Stunden

Es ist doch so: jeder ist tiefinnen wie eine Kirche, und die Wände sind mit festlichen Fresken geschmückt. In erster Kindheit, da die Pracht noch frei liegt, ist es zu dunkel darin, um die Bilder zu sehen, und dann, wenn es lichter und lichter wird in der Halle, kommen die Knabentorheiten und die falschen Sehnsüchte und die durstende Scham, und diese übertünchen Wand um Wand. Und mancher geht weit ins Leben hinein und hindurch, ohne die alte Herrlichkeit unter der nüchternen Armut zu ahnen. Selig aber, wer sie fühlt, findet und heimlich enthüllt. Er beschenkt sich. Und er wird heimkehren in sich selbst.

Florenzer Tagebuch, 1898

Darauf kommt es schließlich an: alles, eines des anderen wert, *im* Leben zu sehen; auch das Mystische, auch den Tod. Keines darf über das zweite hinausragen, ein jedes das nachbarliche bezähmen. Dann hat jedes seine Bedeutung und, was die Hauptsache ist: ihre Gesamtheit ist ein harmonisches Ganze voll Ruhe und Sicherheit und Gleichgewicht.

Florenzer Tagebuch, 1898

Wie bezeichnend ist es, daß andere das Menschliche das Allgemeine nannten, gleichsam den Ort, wo alle sich finden und erkennen. Man muß einsehen lernen, daß es gerade das Menschliche ist, welches uns einsam macht.

Florenzer Tagebuch, 1898

Die die Ewigkeit fühlen, sind über aller Angst. Sie sehen in jeder Nacht die Stelle, wo es Tag werden wird, und sind getrost.

Florenzer Tagebuch, 1898

Und wenn Sie selbst in einem Gefängnis wären, dessen Wände keines von den Geräuschen der Welt zu Ihren Sinnen kommen ließen – hätten Sie dann nicht immer noch Ihre Kindheit, diesen köstlichen, königlichen Reichtum, dieses Schatzhaus der Erinnerungen? Wenden Sie dorthin Ihre Aufmerksamkeit. Versuchen Sie die versunkenen Sensationen dieser weiten Vergangenheit zu heben; Ihre Persönlichkeit wird sich festigen, Ihre Einsamkeit wird sich erweitern und wird eine dämmernde Wohnung werden, daran der Lärm der anderen fern vorüber geht.

Paris, Februar 1903

Das Kleine ist ebensowenig klein, als das Große – groß ist. Es geht eine große und ewige Schönheit durch die ganze Welt, und diese ist gerecht über den kleinen und großen Dingen verstreut; denn es gibt im Wichtigen und Wesentlichen keine Ungerechtigkeit auf der ganzen Erde.

Westerwede, November 1901

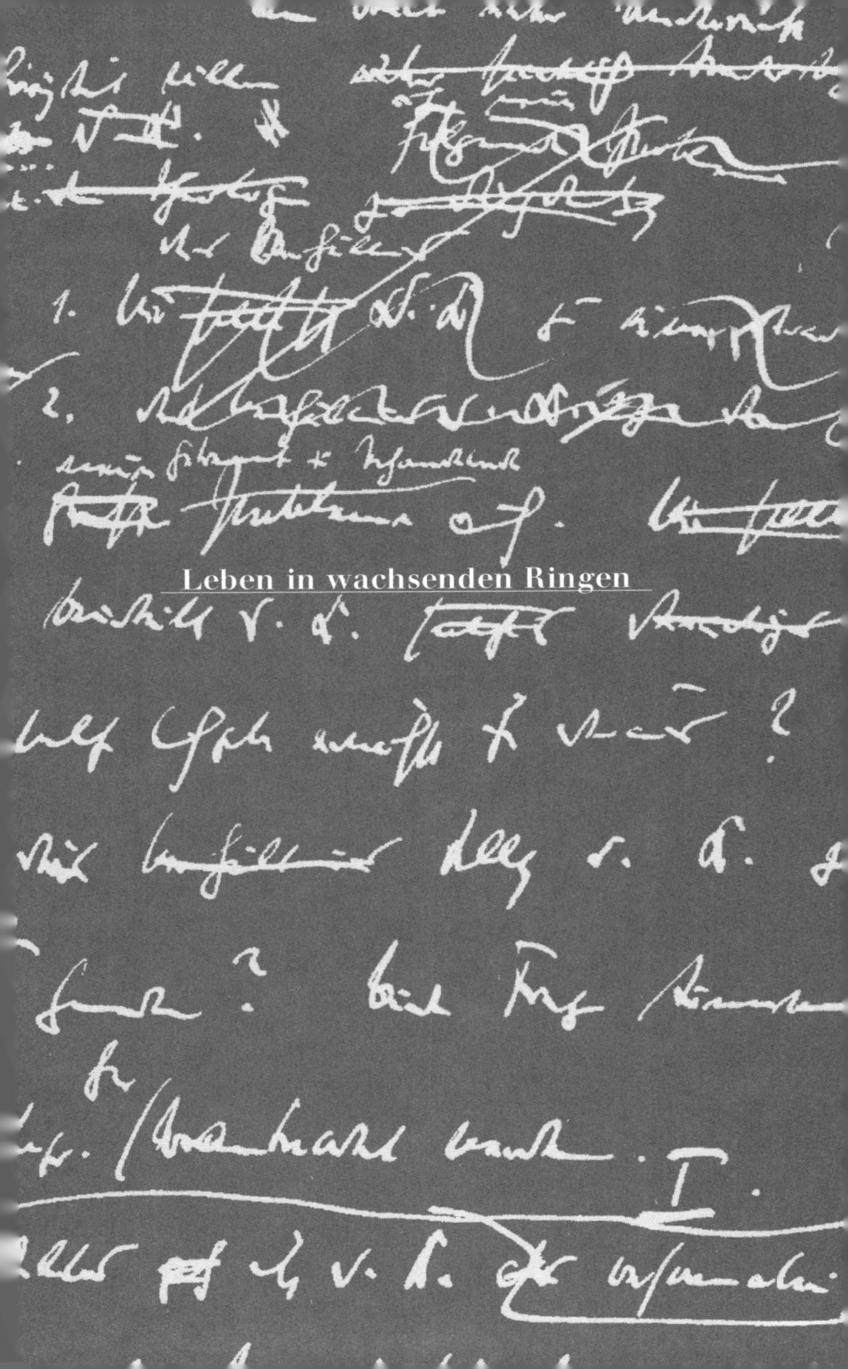

Leben in wachsenden Ringen

Man kann sich die Weiten und Möglichkeiten des Lebens gar nicht unerschöpflich genug denken. Kein Schicksal, keine Absage, keine Not ist einfach aussichtslos; irgendwo kann das härteste Gestrüpp es zu Blättern bringen, zu einer Blüte, zu einer Frucht. Und irgendwo in Gottes äußerster Vorsehung wird auch schon ein Insekt sein, das aus dieser Blüte Reichtum trägt, oder ein Hunger, dem diese Frucht willkommen ist. Und sollte sie bitter sein, so wird sie doch mindestens einem Auge erstaunlich gewesen sein und wird ihm Lust gemacht haben und Neugier nach Formen und Farben und Hervorbringungen des Dickichts; und sollte sie abfallen, so fällt sie in die Fülle des Künftigen und trägt noch in ihrem letzten Zerfall dazu bei, es reicher, bunter, drängender und wachsender zu machen.

München, August 1915

Freude ist unsäglich mehr als Glück, Glück bricht über die Menschen herein, Glück ist Schicksal, Freude bringen sie in sich zum Blühen, Freude ist einfach eine gute Jahreszeit über dem Herzen; Freude ist das Äußerste, was die Menschen in ihrer Macht haben.

Berlin, Dezember 1914

Nach der neuen Angst kommt eine neue Glückseligkeit. Das war immer so.

Florenzer Tagebuch, 1898

Und daß ich stark würde und mächtig über die Eintagsängste und über die Qualen aus einer Nacht. Und daß ich erfülle, was ich als Sendung fühle. Und daß ich fühle, wenn ich es erfülle, damit ich dadurch reicher und weiter werde und eines hohen, demütigen Stolzes voll.

Florenzer Tagebuch, 1898

Wie sollten wir jener alten Mythen vergessen können, die am Anfange aller Völker stehen, der Mythen von den Drachen, die sich im äußersten Augenblick in Prinzessinnen verwandeln; vielleicht sind alle Drachen unseres Lebens Prinzessinnen, die nur darauf warten, uns einmal schön und mutig zu sehen.

Schweden, August 1904

Wir müssen unser Dasein so *weit*, als es irgend geht, annehmen; alles, auch das Unerhörte, muß darin möglich sein. Das ist im Grunde der einzige Mut, den man von uns verlangt: mutig zu sein zu dem Seltsamsten, Wunderlichsten und Unaufklärbarsten, das uns begegnen kann.

Schweden, August 1904

Die Leute haben (mit Hilfe von Konventionen) alles nach dem Leichten hin gelöst und nach des Leichten leichtester Seite; es ist aber klar, daß wir uns an das Schwere halten müssen; alles Lebendige hält sich daran, alles in der Natur wächst und wehrt sich nach seiner Art und ist ein Eigenes aus sich heraus, versucht es um jeden Preis zu sein und gegen allen Widerstand. Wir wissen wenig, aber daß wir uns zu Schwerem halten müssen, ist eine Sicherheit, die uns nicht verlassen wird; es ist gut, einsam zu sein, denn Einsamkeit ist schwer; daß etwas schwer ist, muß uns ein Grund mehr sein, es zu tun.

Rom, Mai 1904

Wir haben keinen Grund, gegen unsere Welt Mißtrauen zu haben, denn sie ist nicht gegen uns. Hat sie Schrecken, so sind es *unsere* Schrecken, hat sie Abgründe, so gehören diese Abgründe uns, sind Gefahren da, so müssen wir versuchen, sie zu lieben.

Schweden, August 1904

Ein Geschlecht, welches in Angst geboren wird, kommt in der Fremde zur Welt und findet nie nach Haus.

Florenzer Tagebuch, 1898

Das ist auch eines von den Grundgesetzen des Lebens: jeden Besitz als Ganzes zu empfinden; dann erscheint jede Ergänzung ein Überfluß, und des Reichtums ist kein Ende.

Florenzer Tagebuch, 1898

So kommt es, daß die meisten Menschen gar nicht wissen, wie schön die Welt ist und wieviel Pracht in den kleinsten Dingen, in irgendeiner Blume, einem Stein, einer Baumrinde oder einem Birkenblatt sich offenbart. Die erwachsenen Menschen, die Geschäfte und Sorgen haben und sich mit lauter Kleinigkeiten quälen, verlieren allmählich ganz den Blick für diese Reichtümer, welche die Kinder, wenn sie aufmerksam und gut sind, bald bemerken und mit dem ganzen Herzen lieben. Und doch wäre es das Schönste, wenn alle Menschen in dieser Beziehung immer wie aufmerksame und gute Kinder bleiben wollten, einfältig und fromm im Gefühl, und wenn sie die Fähigkeit nicht verlieren würden, sich an einem Birkenblatt oder an der Feder eines Pfauen oder an der Schwinge einer Nebelkrähe so innig zu freuen wie an einem großen Gebirge oder einem prächtigen Palast.

Westerwede, November 1901

Wenn ihr noch ein Zittern in euch habt oder einen Zweifel, werft ihn hinter euch. Und wenn er auch aufwächst hinter eurem Weg: Berge stehn dann vor der Vergangenheit.

Florenzer Tagebuch, 1898

Oft habe ich so große Sehnsucht nach mir. Ich weiß, der Weg ist noch lang; aber in meinen besten Träumen sehe ich den Tag, da ich mich empfangen werde.

Florenzer Tagebuch, 1898

Erneuerung, Verwandlung, Heiligung – und die Seele stürzte herüber –, ich weiß. Aber wer macht sich neu und zerschlüge sich nicht vorher.

Paris, Juni 1914

Denn es ist nicht die Trägheit allein, welche macht, daß die menschlichen Verhältnisse sich so unsäglich eintönig und unerneut von Fall zu Fall wiederholen, es ist die Scheu vor irgendeinem neuen, nicht absehbaren Erlebnis, dem man sich nicht gewachsen glaubt. Aber nur wer auf alles gefaßt ist, wer nichts, auch das Rätselhafteste nicht, ausschließt, wird die Beziehung zu einem anderen als etwas Lebendiges leben und wird selbst sein eigenes Dasein ausschöpfen. Denn wie wir dieses Dasein des einzelnen als einen größeren oder kleineren Raum denken, so zeigt sich, daß die meisten nur eine Ecke ihres Raumes kennen lernen, einen Fensterplatz, einen Streifen, auf dem sie auf und nieder gehen. So haben sie eine gewisse Sicherheit. Und doch ist jene gefahrvolle Unsicherheit so viel menschlicher.

Schweden, August 1904

Leben in wachsenden Ringen

Und was heißt leben, als eben dieses Wagnis, eine Form auszufüllen, die einem dann eines Tages von den neuen Schultern gebrochen wird.

Schweiz, Februar 1924

Leben in wachsenden Ringen

Ach, wir rechnen die Jahre und machen Abschnitte da und dort und hören auf und fangen an und zögern zwischen beidem. Aber wie sehr ist, was uns begegnet, aus einem Stück, in welcher Verwandtschaft steht eines zum anderen, hat sich geboren und wächst heran und wird erzogen zu sich selbst, und wir haben im Grunde nur *dazusein*, aber schlicht, aber inständig, wie die Erde da ist, den Jahreszeiten zustimmend, hell und dunkel und ganz im Raum, nicht verlangend in anderem auszuruhen als in dem Netz von Einflüssen und Kräften, in dem die Sterne sich sicher fühlen.

Paris, Oktober 1907

Es kann kein Mensch aus sich so viel Schönheit heben, daß sie ihn ganz verdeckt. Seines Wesens ein Stück sieht immer dahinter hervor.

Florenzer Tagebuch, 1898

Soviel Dinge, des Untergangs wert, kommen am besten zu ihrem Ende, wenn man sie gewähren läßt, sie sind ja ohnehin immerfort dabei, sich *ab*zuleben.

Schweiz, März 1922

Je menschlicher wir werden, desto verschiedener werden wir. Es ist, als würden plötzlich die Wesen sich vertausendfachen; denn ein Kollektivname, der früher über Tausende reichte, wird bald schon für zehn Menschen zu eng, und man wird gezwungen, jeden ganz einzeln zu betrachten. Man denke: Wenn wir statt Völkern, Nationen, Familien und Gesellschaften mal Menschen haben werden, wenn man selbst drei nicht mehr in *einem* Namen vereinen kann! Wird dann die Welt nicht größer werden müssen?

Florenzer Tagebuch, 1898

Vielleicht bin ich noch nicht bestimmt, den Sommer zu sehen, von dem ich weiß, daß er kommen wird. Vielleicht hab ich selber nur Frühlingskraft trotz allem und allem. Aber den Mut zum Sommer hab ich und den Glauben der Seligkeit.

Florenzer Tagebuch, 1898

Der Liebe Landschaft

Weißt du noch: fallende Sterne, die quer wie Pferde durch die Himmel sprangen über plötzlich hingehaltne Stangen unsrer Wünsche – hatten wir so viele? – denn es sprangen Sterne, ungezählt; fast ein jeder Augenblick war vermählt mit dem raschen Wagnis ihrer Spiele, und das Herz empfand sich als ein Ganzes unter diesen Trümmern ihres Glanzes und war heil, als überstünd es sie!

Schweiz, Juni 1924

Und es sind nur Augenblicke, aber in diesen Augenblicken sehe ich hoch in den Himmel hinein. Und sehe die Sterne wie stille, lächelnde Blüten dieser rauschenden Bäume. Und sie wiegen sich und winken einander zu und wissen, daß *eine* Tiefe ihnen Duft und Süße gibt.

Florenzer Tagebuch, 1898

Auch zu lieben ist gut: denn Liebe ist schwer. Liebhaben von Mensch zu Mensch: das ist vielleicht das Schwerste, was uns aufgegeben ist, das Äußerste, die letzte Probe und Prüfung, die Arbeit, für die alle andere Arbeit nur Vorbereitung ist.

Rom, Mai 1904

Und vielleicht sind die Geschlechter verwandter, als man meint, und die große Erneuerung der Welt wird vielleicht darin bestehen, daß Mann und Mädchen sich, befreit von alle Irrgefühlen und Unlüsten, nicht als Gegensätze suchen werden, sondern als Geschwister und Nachbarn und sich zusammentun werden als *Menschen*, um einfach, ernst und geduldig das schwere Geschlecht, das ihnen auferlegt ist, gemeinsam zu tragen.

Worpswede, Juli 1903

Leben ist ja gerade Sichverwandeln, und menschliche Beziehungen, die ein Lebensextrakt sind, sind das Veränderlichste von allem, steigen und fallen von Minute zu Minute, und Liebende sind diejenigen, in deren Beziehung und Berührung kein Augenblick dem anderen gleicht.

Rom, April 1904

Der Liebe Landschaft

Oft auch, wie man im Gehen durch Sommerwiesen an ein niedres Blühen streift, das antwortet mit freiwerdendem Duft, gerät man an irgendeine unscheinbare Tröstlichkeit im Gemüt, die sich gleich, wie aus zurückgehaltenen Überflüssen, mitteilt.

Schweiz, Februar 1923

Der Liebe Landschaft

Aber jetzt: es gibt wohl leise und seltene Gespräche noch, die sich zwischen den Dingen und meiner Liebe aufbauen; aber wenn sie uns vor die Augen wachsen wollen, dann siegt die Sehnsucht über alles Befangensein. Wir halten uns die Hände hin, und wenn das dann auch immer Begrüßung und Abschied ist in einem Atemzug, wir fühlen, daß die Schweigsamkeit zwischen beiden sich ausdehnen wird mit jedem Tage und mit jedem Tun und daß sie die Grenzen, die noch zusammenfallen, auseinander drängen wird, bis es von dem Finden zum Scheiden so weit sein wird wie vom Morgen zum Ave-Maria und daß dazwischen ein ganzer Tag voll Ewigkeit dauern wird.

Florenzer Tagebuch, 1898

Der Liebe Landschaft

Das Glück, das Unheil, ein vorhersehlicher Augenblick des Herzens bestürmt uns vielleicht plötzlich mit Erwiderung, oder sie vollzieht sich in uns selbst langsam und unscheinbar, oder ein Mensch schlägt sie vor uns auf, diese Erwiderung.

Schweiz, August 1919

Schon jetzt – und ich bin doch erst an der ersten Schwelle alles Verstehens – kommen Abende zu mir in den Wald, welche den Dingen um mich die Vorsicht nehmen und die ganze fremde Scham ihrer herben Keuschheit. Wie mit leisem Tadel tun sie das: »Was verhüllt ihr euch? Seht ihr nicht, daß ein Freund steht mitten unter euch, der seine scheue Schönheit nicht findet, solange ihr in den Masken des Alltags bleibt!« Und da lächeln mich alle die Dinge an, wie Menschen lächeln, die sich einer guten Gemeinsamkeit aus fernen Tagen erinnern.

Florenzer Tagebuch, 1898

Der Liebe Landschaft

Es wird keiner Frucht finden, der nicht Ehrfurcht hat. Denn Schamlosigkeit ist wie ein Sturm, der das Unreife von den Zweigen reißt.

Florenzer Tagebuch, 1898

Freude macht schöpferhaft. Wir werden in dem hohen Glück des Wiederbesitzes sicher den besten Weg in diesen Sommer finden, den uns kein Zufall nehmen kann. Mir wenigstens ist er wie ein von hoher Macht zuerkannter Besitz, da er schon so lange meiner Hoffnung in Tag und Traum herzeigen war.

Florenzer Tagebuch, 1898

Der Liebe Landschaft

Wie schwach muß im Grunde doch das Glück uns beschäftigen, da es uns sofort Zeit läßt, an seine Dauer zu denken und darum besorgt zu sein: die Freude ist ein Moment, unverpflichtet, von vornherein zeitlos, nicht zu halten, aber auch nicht eigentlich wieder zu verlieren, indem unter ihrer Erschütterung unser Wesen sich gewissermaßen chemisch verändert, nicht nur, wie es im Glück der Fall sein mag, in einer neuen Mischung sich selber kostet und genießt.

Paris, Januar 1914

Die körperliche Wollust ist ein sinnliches Erlebnis, nicht anders als das reine Schauen oder das reine Gefühl, mit dem eine schöne Frucht die Zunge füllt; sie ist eine große, unendliche Erfahrung, die uns gegeben wird, ein Wissen von der Welt, die Fülle und der Glanz alles Wissens. Und nicht, daß wir sie empfangen, ist schlecht; schlecht ist, daß fast alle diese Erfahrung mißbrauchen und vergeuden und sie als Reiz an die müden Stellen ihres Lebens setzen und als Zerstreuung statt als Sammlung zu Höhepunkten.

Bremen, Juli 1903

Der Liebe Landschaft

Es ist eine erschreckende Annahme, der Liebes-Augenblick, den wir als einen uns so völlig und tief eigenen und eigentümlichen empfinden, könnte, über den einzelnen fort, so ganz von der Zukunft (dem künftigen Kinde) und auf der anderen Seite von der Vergangenheit bestimmt sein, – aber selbst *dann:* es bliebe ihm immer noch seine unbeschreibliche Tiefe als Ausflucht ins Eigene. Was zu glauben mir durchaus nahe läge. Das käme mit der Erfahrung überein, wie sehr das ganz inkommensurable Dasein jeder unserer tiefsten Entzückungen von Dauer und Verlauf sich unabhängig macht, sie stehen wirklich senkrecht auf den Richtungen des Lebens, wie der Tod auch senkrecht auf ihnen steht, sie haben mehr mit ihm gemein als mit allen Zielen und Bewegungen unserer Vitalität.

Schweiz, Januar 1920

Der Liebe Landschaft

Wer ernst hinsieht, findet, daß, wie für den Tod, der schwer ist, auch für die schwere Liebe noch keine Aufklärung, keine Lösung, weder Wink noch Weg erkannt worden ist; und es wird für diese beiden Aufgaben, die wir verhüllt tragen und weitergeben, ohne sie aufzutun, keine gemeinsame, in Vereinbarung beruhende Regel sich erforschen lassen. Aber in demselben Maße, in dem wir beginnen, als einzelne das Leben zu versuchen, werden diese großen Dinge uns, den einzelnen, in größerer Nähe begegnen.

Rom, Mai 1904

Es ist dann, als wären wir alle der gleichen Wesenheit und hielten uns bei den Händen. Und wir lieben uns so sehr, weil wir eines das andere gehoben und jedes jedem geholfen haben, in das glückliche Gleichgewicht jenes Vertrauens hinein, das uns brüderlich macht.

Florenzer Tagebuch, 1898

Darum *können* junge Menschen, die Anfänger in allem sind, die Liebe noch nicht: sie müssen sie lernen. Mit dem ganzen Wesen, mit allen Kräften, versammelt um ihr einsames, banges, aufwärts schlagendes Herz, müssen sie lieben lernen. Lernzeit aber ist immer eine lange, abgeschlossene Zeit, und so ist Lieben für lange hinaus und weit ins Leben hinein –: Einsamkeit, gesteigertes und vertieftes Alleinsein für den, der liebt. Lieben ist zunächst nichts, was aufgehen, hingeben und sich mit einem Zweiten vereinen heißt (denn was wäre eine Vereinigung von Ungeklärtem und Unfertigem, noch Ungeordnetem –?), es ist ein erhabener Anlaß für den einzelnen, zu reifen, in sich etwas zu werden, Welt zu werden, Welt zu werden für sich um eines anderen willen, es ist ein großer, unbescheidener Anspruch an ihn, etwas, was ihn auserwählt und zu Weitem beruft.

Rom, Mai 1904

Und auch die Liebe, die zwischen den Menschen die Zahlen verwirrt, um ein Spiel von Nähen und Fernen einzuführen, in dem wir immer nur so weit einreihen, als wäre das Weltall voll, und nirgends Raum als in uns; – auch die Liebe nimmt nicht Rücksicht auf unsere Einteilungen, sondern reißt uns, zitternd wie wir sind, in ein endloses Bewußtsein des Ganzen hinein. – Die Liebenden leben nicht aus dem abgetrennt Hiesigen; als ob nie eine Teilung vorgenommen worden wäre, greifen sie den ungeheueren Besitzstand ihrer Herzen an, von ihnen kann man sagen, daß ihnen Gott wahrhaftig wird und daß der Tod ihnen nicht schadet: *denn sie sind voller Tod, indem sie voller Leben sind.*

München, November 1915

Ich weiß es: es wird nicht alles Hymne bleiben in mir, wie in diesen Tagen; es werden Dunkelheiten kommen und Verwirrungen. Aber ich habe tief in mir einen kleinen Garten, umgrenzt voll Feierlichkeit, bis zu dem wird keine Angst mehr reichen. Und wenn Du willst, werden wir mit jedem Jahr die Marken dieses Gartens erweitern.

Florenzer Tagebuch, 1898

Der Liebe Landschaft

Wenn ich denke, daß ich selbst einmal von denen war, die das Leben verdächtigten und seiner Macht mißtrauten. Jetzt würde ich es lieben auf jeden Fall. Ob es nun reich oder arm, weit oder eng mir zu eigen wäre. Soviel mir davon gehört, würde ich zärtlich lieben und alle Möglichkeiten meines Besitzes reifen lassen in meiner Innigkeit.

Florenzer Tagebuch, 1898

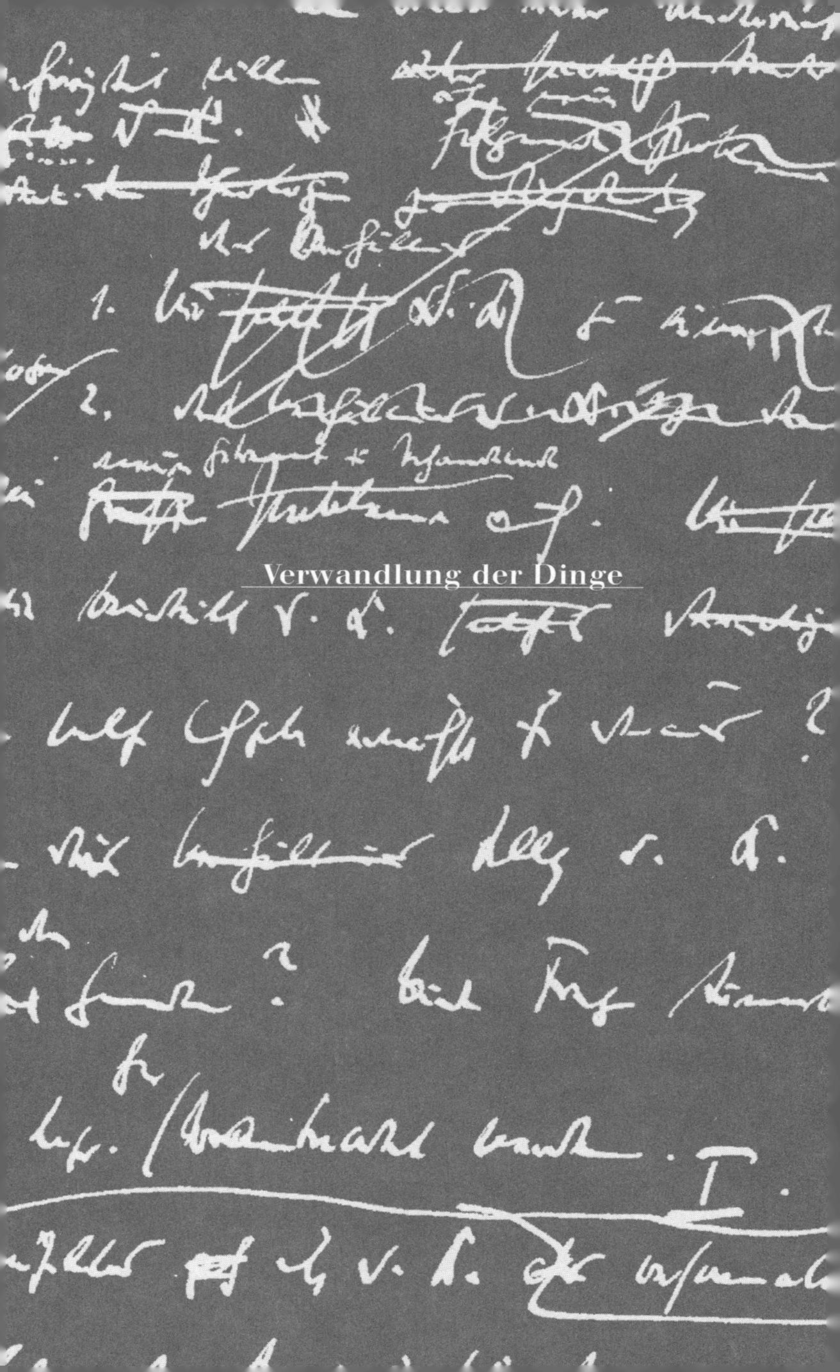

Verwandlung der Dinge

Verwandlung der Dinge

Kunst erscheint mir als das Bestreben eines Einzelnen, über das Enge und Dunkle hin, eine Verständigung zu finden mit allen Dingen, mit den kleinsten, wie mit den größten, und in solchen beständigen Zwiegesprächen näher zu kommen zu den letzten leisen Quellen alles Lebens. Die Geheimnisse der Dinge verschmelzen in seinem Innern mit seinen eigenen tiefsten Empfindungen und werden ihm, so als ob es eigene Sehnsüchte wären, laut. Die reiche Sprache dieser intimen Geständnisse ist die Schönheit.

Prag, März 1898

Schützet die Kunst, daß sie nicht erfahre von dem Streit des Tages; denn ihre Heimat ist jenseits aller Zeit. Ihre Kämpfe sind wie die Stürme, die den Samen bringen, und ihre Siege sind dem Frühling ähnlich. Ihre Werke sind: unblutige Opfer eines neuen Bundes.

Florenzer Tagebuch, 1898

Verwandlung der Dinge

A*lles* ist austragen und dann gebären. Jeden Eindruck und jeden Keim eines Gefühls ganz in sich, im Dunkel, im Unsagbaren, Unbewußten, dem eigenen Verstande Unerreichbaren sich vollenden lassen und mit tiefer Demut und Geduld die Stunde der Niederkunft einer neuen Klarheit abwarten: das allein heißt künstlerisch leben: im Verstehen wie im Schaffen.

Pisa, April 1903

Der Künstler kann eigentlich nur durch seine Persönlichkeit, seine überwundene Kunst, welche ich, wie schon früher, seine Kultur nennen möchte, auf weitere Kreise einwirken. Seine Werke sind Erlebnisse, in Stunden heiliger Dämmerung ein paar Tiefvertrauten erzählt. Und wenn sie doch unter den vielen stehen, sie werden nicht wirksamer dadurch; denn die, welche die Liebe nicht haben, reichen nicht daran.

Florenzer Tagebuch, 1898

Ein Kunstwerk ist gut, wenn es aus Notwendigkeit entstand. In dieser Art seines Ursprungs liegt sein Urteil: es gibt kein anderes.

Paris, Februar 1903

Es soll keiner tasten an des anderen Kunst. Denn nimmt er von einem Größeren, so verliert er sich; und neigt er zu der Art eines Engeren hin, so entweiht er sich und nimmt seinem Gemüt die Keuschheit; aber von des anderen Kultur darf der Künstler gerne und dankbar empfangen. So bilde jeder den zweiten zu höherer Menschlichkeit und also zu reinerer Kunst.

Florenzer Tagebuch, 1898

Es ist mir später oft aufgefallen, wie sehr die Kunst eine Sache des Gewissens ist. Nichts braucht man so sehr in künstlerischer Arbeit wie das Gewissen: Es ist der einzige Maßstab.

Paris, Oktober 1907

Mit nichts kann man ein Kunst-Werk so wenig berühren als mit kritischen Worten: es kommt dabei immer auf mehr oder minder glückliche Mißverständnisse heraus. Die Dinge sind alle nicht so faßbar und sagbar, als man uns meistens glauben machen möchte; die meisten Ereignisse sind unsagbar, vollziehen sich in einem Raume, den nie ein Wort betreten hat, und unsagbarer als alle sind die Kunst-Werke, geheimnisvolle Existenzen, deren Leben neben dem unseren, das vergeht, dauert.

Paris, Februar 1903

Verwandlung der Dinge

Unsere Zeit hat uns eine Fülle neuer Aufschlüsse über die Kunst vermittelt, und wenn das große Geheimnis, dem wir entgegenlauschen, auch nicht redselig wurde, vielleicht sind wir schweigsamer geworden, da wir beginnen, es zu verstehen, da wir nicht mehr nach großen Stoffen suchen, überhaupt nicht mehr »suchen« und unsere Freude haben, wenn wir dennoch finden. Und gerade die unscheinbarsten Funde sind uns die allerliebsten. Das ist eines der mächtigsten Erkenntnisse: Alles ist Inhalt und kann etwas bedeuten. Seine Bedeutung gewinnt es durch die Form, das heißt durch die Art, wie es sich abgrenzt gegen das Viele und Fremde.

Demnächst und Gestern, 1897

Da gibt es kein Messen mit der Zeit, da gilt kein Jahr, und zehn Jahre sind nichts, Künstler sein heißt: nicht rechnen und zählen; reifen wie der Baum, der seine Säfte nicht drängt und getrost in den Stürmen des Frühlings steht ohne die Angst, daß dahinter kein Sommer kommen könnte. Er kommt doch. Aber er kommt nur zu den Geduldigen, die da sind, als ob die Ewigkeit vor ihnen läge, so sorglos still und weit. Ich lerne es täglich, lerne es unter Schmerzen, denen ich dankbar bin: *Geduld* ist alles!

Pisa, April 1903

Verwandlung der Dinge

Das ist das Rufen, das der Künstler vernimmt: der Wunsch der Dinge, seine Sprache zu sein. Er soll sie aus den schweren unsinnigen Beziehungen der Konvention in die großen Zusammenhänge seines Wesens heben.

Aufzeichnungen über Kunst, 1900

Wir sind nicht mehr fähig einer Blütenkunst. Unsere Kunst muß uns nicht allein schmücken, sondern auch wärmen; wir sind in dem Alter, da man manchmal fröstelt an frühen Frühlingstagen.

Florenzer Tagebuch, 1898

Nachwort

Ich lebe grad, da das Jahrhundert geht« schrieb Rainer Maria Rilke 1899 im »Stunden-Buch«. Wie ein Epigramm steht diese Aussage über vielen seiner Werke, in denen er sich die »Wendezeit« des Jahrhunderts klarzumachen versuchte. Unrast trieb den Dichter durch fast alle europäischen Länder bis hin in das vorrevolutionäre Rußland. Sein Wanderleben war geprägt von den gesellschaftlichen Veränderungen der Zeit und den katastrophalen Erinnerungen des 1. Weltkrieges. Nach Beginn seines Studiums bis zu seinem Tode zog er von Ort zu Ort. Sein Studium in Prag, München und Berlin hat er nie abgeschlossen, einen bürgerlichen Beruf nie ausgeübt. Seine Ehe mit Clara Westhoff, einer Bildhauerin aus dem Künstlerkreis des deutschen Jugendstils in Worpswede, scheiterte. Rilkes Leben vollzog sich in vielfältigen Spannungen. Er war und blieb ein einsamer Mensch, besonders in seinen letzten Lebensjahren. Einzig in Paris fühlte er sich mehr zuhause als anderen Ortes. Hier entstanden Gedichte, in denen er sich von der wirklichkeitsfernen Traumwelt seiner frühen Dichtungen abwendete. Er orientierte sich vornehmlich an bildenden Künstlern wie Cézanne, van Gogh und Auguste Rodin. Die

Bilder Cézannes und die Skulpturen Rodins begleiteten ihn auf dem Weg zur ›poesie pure‹, zur reinen Poesie.
In Paris festigte sich Rilkes Erkenntnis, daß Künstlertum und eine bürgerliche Existenz unvereinbar sind, daß der wahre Künstler keine andere Wahl hat, als sein Leben gänzlich der Kunst zu weihen. Aus der gefühlvollen Stimmungslyrik wurden die sogenannten »Dinggedichte«, die als eine Abwendung von der als nicht mehr intakt empfundenen menschlichen Gesellschaft zu begreifen sind. Schon zu Lebzeiten des Dichters zeigte sich eine seltene Einheit von Persönlichkeit und Werk, eine Wahrhaftigkeit des Wesens und der Worte. Thematisches Zentrum Rilkes blieb das moderne Endzeitbewußtsein. Ruheloses Sehnen nach Menschlichkeit und zunehmende Vereinsamung bezeichnen einen Hauptwiderspruch seiner ästhetisch-poetischen Existenz. In der Lyrik und dem umfangreichen »Brief-Werk« spiegeln sich Rilkes Gedanken über Grundfragen des Daseins, über Gott, die Liebe, den Tod, über Probleme des Künstlertums und über ästhetische Einzelfragen wider. In Worten und Versen von großer Empfindungstiefe und meisterlicher Formung »be-

wältigte« er die Welt und fand einen seine Zeit überdauernden künstlerischen Ausdruck. Überall da, wo der Einzelne sich im »Flugsand der Stunden« behaupten muß, wird Rilkes Werk modern bleiben, denn: zeitlos spricht das Zeitgemäße aus seinen hinterlassenen Werken.

Rainer Maria Rilke,
1875 als einziges Kind von Josef Rilke und Sophia Rilke, geb. Entz, in Prag geboren; frühe Kindheit in Prag (1875–1882); Schulzeit (1882–1895); nach der Militärschulzeit und dem Besuch der Handelsakademie in Linz Abitur in Prag; Studium der Rechte in Prag; Studium der Literatur- und Kunstgeschichte in Prag, München und Berlin (1896–1899); verfaßt erste Gedichte und schreibt für Zeitschriften; Rußlandreisen (1899–1900), Worpswede (1900-1904); 1901 Eheschließung mit Clara Westhoff, Geburt der Tochter Ruth, Paris (1904–1914); 1903 Sekretär bei dem Bildhauer und Maler Rodin; 1911 Vortragsreisen in einige europäische Länder; arbeitet 1916 nach kurzem Militärdienst im Kriegsarchiv; lebt seit 1921 in der Schweiz (1919–1926), gestorben 1926 in Valmont im Wallis.